LA CRISE
DU MILIEU DE LA VIE

Une approche spirituelle

DANS LA MÊME COLLECTION

Anselm GRÜN, *Prière et connaissance de soi*
Anselm GRÜN, *Prière et rencontre*
Georges ZEVINI, *La Bible pour prier et pour vivre*
Isabelle PRÊTRE, *La tentation du désespoir*
Anselm GRÜN, *Le jeûne. Prier avec le corps et l'esprit*

Anselm GRÜN, osb

LA CRISE
DU MILIEU DE LA VIE

Une approche spirituelle

Traduit de l'allemand par
Jean-Louis MOSSER

MÉDIASPAUL

L'original de cet ouvrage a été publié en allemand par *Vier-Türme-Verlag*, Abbaye de Münsterschwarzach (Allemagne), sous le titre *Lebensmitte als geistliche Aufgabe*.

Pour la langue française :

© *Médiaspaul,* 1998
Médiaspaul, 8 rue Madame, 75006 Paris
ISBN 2-7122-0683-5

INTRODUCTION

Après le départ de plusieurs de nos confrères âgés de plus de quarante ans, notre communauté était restée profondément troublée. En cherchant les raisons de cet abandon, après plus de vingt ans de vie monastique pour la plupart d'entre eux, nous nous sommes trouvés confrontés au phénomène de la « crise du milieu de la vie ». Un coup d'œil sur la littérature publiée à ce sujet nous révéla qu'il n'y avait pas que de nombreux prêtres et religieux entre quarante et cinquante ans qui soient frappés par la *midlife crisis* et entraînés dans une crise existentielle pouvant les conduire jusqu'à l'abandon de leur profession. En fait, pour la plupart des gens, ce tournant de la vie représente un problème qui bouleverse souvent leur existence antérieure. Changements de profession, ruptures avec son milieu, divorces, dépressions nerveuses, affections psychosomatiques variées sont autant d'indices montrant que la crise du milieu de la vie n'a pu être maîtrisée[1].

---

1. C.G. JUNG, *Die Lebenswende* (Le tournant de la vie), *GW* (Œuvres complètes), vol. 8, Zurich, p. 441-460 ; J. DAVID, Altersrevolution : statt Abbau Veränderung » (La révolution de l'âge : transformation et non déclin), *Orientierung* 38 (1974),

A la suite de ces départs, notre communauté organisa une journée d'étude théologique sur les problèmes du milieu de la vie et sur la manière de les surmonter. Deux exposés fournirent des éléments pour une réflexion commune et pour l'échange en groupe sur nos expériences personnelles. Le Père Fidelis Ruppert présenta des réflexions du mystique allemand Johannes Tauler (1300-1361), décrivant la crise du milieu de la vie comme une chance donnée au développement spirituel. Il nous semblait évident qu'en tant que moines, nous avions à surmonter cette crise avant tout par des voies religieuses. Mais il ne fallait pas pour autant négliger ses aspects anthropologiques et psychologiques. Aussi, pour compléter l'éclai-

---

p. 151-154 ; F. WULF, « Der Mittagsdämon oder die Krise der Lebensmitte » (Le démon de midi ou la crise du milieu de la vie), *Geist und Leben* 38 (1965), p. 241-245 ; F. PÖGGELER, Die Lebensalter (Les âges de la vie), Mayence, 1973 ; R. GUARDINI, *Die Lebensalter, Ihre ethische und pädagogische Bedeutung* (Les âges de la vie, signification éthique et pédagogique), Wurzbourg, 1957 ; T. BOVET, *Führung durch die Lebensalter* (Guide à travers les âges de la vie), Berne, 1963 ; H. VOLLMER, *Die Krise in den mittleren Jahren und wie sie zu bewältigen ist* (La crise du milieu de la vie, comment en venir à bout), Munich, 1977 ; P. TOURNIER, *Die Jahreszeiten unseres Lebens*. Entfaltung und Erfüllung (Les saisons de la vie), Hambourg, 1967 ; H. SCHREIBER, *Midlife Crisis. Die Krise in der Mitte des Lebens* (La crise du milieu de la vie), Munich, 1977.

rage religieux donné par Tauler, ai-je fait un exposé sur les problèmes du tournant de la vie, tels que les a étudiés Carl Gustav Jung du point de vue de la psychologie. Le vif intérêt que les considérations de Tauler et de Jung rencontrèrent aussi bien auprès de nos propres confrères qu'auprès d'autres religieux justifie à nos yeux de les faire connaître plus largement à travers cet ouvrage. La partie concernant Tauler s'appuie sur l'exposé du Père Fidelis en essayant de le développer.

Dans la crise du milieu de la vie, il ne s'agit pas seulement de se situer par rapport aux nouvelles données physiques et psychiques, de s'adapter à la diminution de ses forces corporelles et intellectuelles, et d'intégrer à son existence les nouveaux souhaits et désirs qui font souvent irruption à ce moment-là. Il s'agit bien davantage d'une crise existentielle qui se situe à un niveau plus profond et dans laquelle se pose la question du sens global de ma vie : pourquoi est-ce que je travaille tant, pourquoi est-ce que je m'épuise, ne trouvant même plus de temps pour moi ? Pourquoi, comment, dans quel but, pour quoi, pour qui ? Vers la quarantaine, les questions de ce genre émergent de plus en plus souvent et elles viennent semer le trouble dans la conception de la vie qui était la nôtre jusqu'ici. La question du sens est bien une question de nature spirituelle. Le milieu de la vie ouvre avant tout une crise du sens et donc une crise spirituelle. Et en même temps, il offre la chance de trouver un sens nouveau à sa vie.

La crise du milieu de la vie bouscule toutes les données de l'existence pour les trier et les ordonner de manière nouvelle. Du point de vue de la foi, c'est Dieu lui-même qui est à l'œuvre. Il ébranle le cœur humain pour le rompre et l'ouvrir à Lui, pour le délivrer de toutes ses illusions. La crise comprise comme œuvre de la grâce : voilà un point de vue qui n'apparaît guère dans l'abondante littérature publiée sur cette période de la vie, or c'en est pourtant un aspect essentiel. Pour le croyant, cette crise n'est pas une agression qui l'assaille de l'extérieur et contre laquelle il lui faut engager sa foi comme simple force d'appui, mais c'est Dieu en personne qui agit sur l'homme ; cette crise est donc aussi le lieu d'une nouvelle rencontre avec Dieu, d'une intense expérience de Dieu. Elle représente une étape décisive sur le cheminement de notre foi, un carrefour où nous décidons d'utiliser Dieu en vue d'enrichir notre vie et de nous réaliser nous-mêmes, ou d'accepter l'abandon confiant à Dieu et de lui remettre notre vie.

Les exposés sur Tauler et Jung avaient d'abord en vue le cas particulier de la vie monastique. Cependant l'expérience a montré que les solutions proposées n'étaient pas seulement valables pour des moines ; pour tout homme en effet, il s'agit en fin de compte de venir à bout de la crise par une voie religieuse, les méthodes et les aides purement psychologiques n'étant pas d'une portée suffisante. C'est la psychologie qui a conduit Jung à préconiser des moyens non psychologiques : pratiques religieuses du jeûne, de l'ascèse, de la méditation, de la liturgie. Or, et Jung le déplore, dans de très nombreux cas, l'école de la religion n'est plus d'aucune aide pour surmonter les crises personnelles.

Aussi cet ouvrage voudrait-il encourager à redécouvrir le chemin religieux comme chemin de salut, comme remède à ces blessures infligées par l'existence, qui font si mal, en particulier dans la crise du tournant de la vie. Il ne s'agit pas d'un retour en arrière, d'une négation de tous les apports de la psychologie, mais d'un cheminement au cours duquel, en toute connaissance des aspects psychologiques, nous nous laissons guider en dernier ressort par Jésus-Christ. Le chemin du Christ, menant à la vie nouvelle de la résurrection en passant par la croix, est aussi un chemin de maturation et de guérison au plan humain ; ce ne sont pas des concepts tels que réalisation de soi, épanouissement de toutes ses aptitudes, qui sont au centre de l'enjeu ; il importe au contraire d'ouvrir notre vie à Dieu afin qu'il puisse agir sur nous et manifester sa force dans notre faiblesse. L'enjeu n'est pas la réalisation et la glorification de l'homme, mais la glorification de Dieu en toute chose. Et l'un des modes de la glorification de Dieu, c'est l'homme dans sa santé et sa maturité qui, à sa mort, est revêtu de la nouvelle vie de la résurrection *afin que la vie de Jésus soit manifestée dans notre existence mortelle* (2 Co 4, 11).

I. LA RÉSOLUTION DE LA CRISE DU MILIEU DE LA VIE

CHEZ JEAN TAULER

Dans ses sermons, Tauler parle assez souvent de la quarantaine. Dans la vie d'un homme, le quarantième anniversaire représente un tournant. Selon lui, c'est seulement à partir de cet âge que les efforts spirituels portent leurs fruits et que l'on peut atteindre la vraie paix du cœur. Ainsi Tauler peut-il faire des quarante jours entre la Résurrection et l'Ascension et des dix jours suivants jusqu'à la Pentecôte un symbole du développement spirituel de l'homme :

> L'homme peut faire ce qu'il veut, s'y prendre comme il veut, il n'atteint pas la paix véritable, il ne devient pas un homme du ciel, selon son être, avant d'avoir atteint la quarantaine. Auparavant, il est accaparé par toutes sortes de choses, ses penchants naturels l'entraînent de-ci de-là ; et ce qui se passe en lui est bien souvent sous leur domination, alors qu'on s'imagine que c'est tout entier de Dieu ; avant cet âge, il ne peut atteindre la paix en vérité et en plénitude, ni être pleinement du ciel. Ensuite l'homme devra attendre dix ans encore,

avant que l'Esprit Saint, le Consolateur, lui soit communiqué en vérité, l'Esprit qui enseigne toutes choses[1].

La succession des années n'est pas sans importance dans le cheminement spirituel. Pour Tauler, le but de ce dernier, c'est d'accéder au « fond de l'âme ». Cette notion a donné lieu à maintes disputes de spécialistes. Nous n'entrerons pas ici dans une discussion savante, mais nous utiliserons simplement ce concept pour désigner ce qui est au plus profond de l'homme, ce fond où toutes les forces de l'âme sont unies, où l'homme est dans une proximité immédiate à son être et où habite Dieu lui-même. On ne peut pénétrer dans le fond de l'âme par ses forces propres, ni par des efforts ascétiques, ni par l'accumulation de prières. Ce n'est pas en faisant, mais en laissant faire que l'on peut entrer en contact avec son fond le plus intime. Mais, dans la première partie de sa vie, l'être humain est surtout accaparé par son action propre. Il aimerait obtenir des résultats, non seulement dans les domaines profanes, mais aussi dans la sphère religieuse. Il voudrait pro-

---

1. Johannes TAULER, *Predigten* (Sermons), édition complète trad. et éd. par G. Hofmann, Fribourg, 1961, 136 et suiv. (19e sermon).

gresser sur le chemin vers Dieu par l'effort et l'entraînement spirituel.

Tout ceci est certes bon en soi, permettant de bien structurer l'existence. Mais on ne peut accéder au fond de son âme par ses propres efforts, on y arrive seulement en laissant Dieu agir sur soi. Et Dieu agit sur nous par la vie, par les expériences qu'elle comporte. Dieu fait le vide en nous par des déceptions, il nous dévoile notre vacuité par nos défaillances, il nous façonne à travers les souffrances que nous devons assumer. Ces expériences de dépouillement se multiplient vers le milieu de la vie. C'est alors qu'il importe de nous laisser dessaisir par Dieu de tous les efforts spirituels reposant sur nos propres moyens, pour nous laisser conduire par Lui à travers le vide et la sécheresse de notre cœur, jusqu'au fond de notre âme, où nous ne rencontrons plus nos propres images et nos propres sentiments, mais Dieu lui-même en vérité. D'après Tauler, l'enjeu du milieu de la vie c'est donc de nous laisser vider et dépouiller par Dieu afin d'être revêtus du vêtement neuf de sa grâce. La crise est de ce fait le moment du choix décisif : resterons-nous repliés sur nous-mêmes ou accepterons-nous de nous ouvrir à Dieu et à sa grâce ? Nous nous proposons de retracer en six étapes la crise et sa résolution, telles que Tauler les décrit dans ses sermons.

1. La crise

Tauler observe la manière dont des hommes qui ont mené une vie religieuse pendant de longues années entrent en crise entre quarante et cinquante ans. Tous les exercices religieux pratiqués jusqu'ici, méditation, prière personnelle et collective, prière au chœur, offices, tout cela leur paraît tout à coup insipide. Ils n'y trouvent plus d'intérêt, ils se sentent vides, épuisés, insatisfaits.

> Toutes les pensées saintes et les images aimables et la joie et la jubilation et tout ce que Dieu avait bien pu lui offrir, tout cela lui semble à présent être choses bien grossières et il se sent exclu de tout, si bien qu'il n'y trouve plus aucun goût et qu'il n'a plus aucune envie d'y rester ; ce qu'il a, il n'en veut pas et ce qu'il veut, il ne l'a pas, et le voici donc coincé entre deux extrémités, dans une grande douleur et tourment (174)[2].

---

2. Cité par I. WEILNER, *Johannes Taulers Bekehrungsweg. Die Erfahrungsgrundlagen seiner Mystik* (Le chemin de conversion de J. Tauler. Les bases expérimentales de sa mystique), Ratisbonne, 1961, p. 174. Notre présentation de la pensée de Tauler s'appuie

La nouveauté de cette situation, c'est que celui qui la connaît ne trouve plus de secours dans les pratiques religieuses antérieures, sans savoir pour autant ce qui lui ferait du bien. Ce qui lui était familier lui est enlevé, mais le nouveau n'est pas encore là. Et, en jetant par-dessus bord des pratiques religieuses dépassées, il court le risque d'en faire autant avec la foi elle-même, parce qu'il ne sait plus comment revenir dans la proximité de Dieu. Il constate l'échec de tous les efforts spirituels auxquels il pouvait se raccrocher jusqu'ici. Il se trouve à présent privé de l'appui que lui fournissait le respect des formes extérieures. Aussi n'est-il pas loin de se détourner de Dieu par déception.

Pourtant cette crise est, pour Tauler, l'œuvre de la grâce de Dieu. C'est Dieu en personne qui plonge l'homme dans la crise, dans la tourmente. Et il a une intention précise. Il voudrait mener l'homme à la vérité, le conduire au fond de son âme. Tauler utilise ici l'image de la maison dans laquelle Dieu fait le ménage, la mettant sens des-

---

en grande partie sur le travail de Weilner, qui a très bien dégagé l'importance du tournant de la vie spirituelle, telle qu'elle est présentée dans ses sermons. Lorsque nous faisons des citations de Tauler nous indiquons dans le texte la page chez Weilner.

sus dessous pour retrouver la drachme, le fond de l'âme :

> Si l'homme entre dans cette maison et y cherche Dieu, le ménage sera fait dans cette maison, et alors c'est Dieu qui se met à le chercher et qui fait et refait le ménage, comme quelqu'un qui cherche quelque chose et qui éparpille tout de-ci de-là, jusqu'à ce qu'il trouve ce qu'il cherche (172).

Le remue-ménage auquel est soumis l'ordre ancien de la maison permet à l'homme de découvrir son for intérieur et s'avère donc bien plus profitable pour sa maturation spirituelle que toute sa propre activité.

> Et si c'était possible, et si la nature pouvait admettre que ce remue-ménage ait lieu soixante-dix-sept fois de jour et de nuit, si l'homme voulait bien le supporter et pouvait se laisser faire, cela lui serait bien plus utile que tout ce qu'il a jamais compris ou reçu. Si l'homme veut bien se laisser faire, il est conduit dans ce remue-ménage bien plus loin qu'il n'est possible de le dire et que ne le conduiraient toutes les œuvres et instructions, tous les préceptes qu'on a bien pu penser ou inventer jusqu'à ce jour (173).

Mais souvent l'homme réagit de manière erronée à la crise dans laquelle il a été conduit par Dieu. Il ne saisit pas que Dieu s'est mis à agir sur lui et qu'il importe de le laisser faire. Tauler décrit différentes formes de réactions erronées.

2. La fuite

L'homme peut fuir la crise du milieu de la vie de trois manières. Dans la première, il refuse de voir ce qui se passe en lui. Il n'ose pas affronter l'inquiétude qui est dans son propre cœur, il la projette au contraire vers l'extérieur en voulant, plein d'impatience, tout améliorer au-dehors, chez les autres, dans les structures et les institutions. Lorsque Dieu fait naître l'inquiétude dans un homme, quand il fait le ménage dans sa maison, lorsque, avec la lumière de sa grâce,

> il aborde l'homme et touche à lui et que l'homme devrait prendre soin de soi, là où il est, voilà qu'au contraire l'homme se détourne du fond de son âme, il met le couvent sens dessus dessous et il veut fuir vers Trèves, ou vers Dieu sait où, et il n'accepte pas le témoignage (de l'Esprit en lui) parce qu'il est accaparé par son activité tournée vers l'extérieur et les choses sensibles (177).

Parce qu'il ne veut pas se réformer lui-même, il veut réformer le couvent. Il projette vers l'extérieur le mécontentement qu'il éprouve vis-à-vis de soi et il obstrue, par des réformes extérieures, l'accès au fond de son âme. Il est tellement accaparé par les changements et les améliorations à réaliser au-dehors qu'il ne remarque même pas à quel point sa vie intérieure est distancée par cette réforme extérieure. Par le combat mené à l'extérieur, il se sent dispensé de l'obligation de combattre avec soi-même.

Une deuxième forme de fuite consiste à se cramponner à des pratiques religieuses formelles. Dans ce cas, celui qui est concerné ne s'en prend pas aux autres, à l'entourage, il reste au contraire tourné vers soi. Mais il s'appuie sur les aspects formels de ses pratiques. Il évite le débat intérieur en se réfugiant dans des activités extérieures. Au lieu de prêter l'oreille à ce qui se dit en lui et d'être attentif aux « pistes de l'intérieur » dissimulées, il veut rester sur les « routes communes, bien larges ».

> Mais bien des gens s'y prennent tout de travers, se dispersent en exercices et en activités extérieures et se comportent comme un homme qui, devant aller à Rome, c'est-à-dire vers l'amont, s'en irait en aval, vers la Hollande : plus il avancerait, plus il s'écarterait de son chemin. Et, lorsque ces gens reviennent enfin, ils ont vieilli et ils ont mal à la tête et ils n'ont plus ni l'activité, ni l'élan suffisants pour répondre aux appels de l'amour (177).

Une troisième forme de fuite consiste à convertir l'inquiétude intérieure en changements incessants de mode de vie. L'agitation intérieure fait papillonner d'une pratique religieuse à une autre :

> Dès qu'ils sont troublés de l'intérieur, les voilà partis dans un autre pays, une autre ville ; s'ils ne peuvent pas partir, ils changent au moins de mode de vie – à vrai dire ils ne le font à nouveau que de manière formelle. Voici qu'un tel veut se faire pauvre, puis il veut se faire ermite, puis il va dans un couvent (178).

C'est donc encore de modalités extérieures qu'ils espèrent obtenir la résolution de leur crise intérieure. Mais dans ce cas, ils jettent par dessus bord les formes dépassées et en cherchent de nouvelles. De nos jours, cette constatation de Tauler est confirmée par tous ceux qui veulent constamment expérimenter de nouvelles formes de méditation. Ils s'enthousiasment tantôt pour l'une, tantôt pour l'autre. Mais dès que le premier enthousiasme s'est envolé, ils se tournent vers la suivante qui devient à son tour le *nec plus ultra*. Et comme ils ne persévèrent dans aucune d'entre elles, ils ne trouvent jamais le chemin vers leur propre fond. Ils n'affrontent pas leur propre inquiétude, ils ne la supportent pas, ils n'écoutent pas la voix de Dieu qui veut justement les conduire par ce tourment vers leur profondeur propre. Au lieu de se transformer intérieurement, ils courent après des transformations extérieures :

> Ce tourment en a précipité plus d'un à Aix-la-Chapelle, à Rome, chez les pauvres et dans les cellules. Et plus ils couraient à droite et à gauche, moins ils trouvaient. Et certains retombent dans les images fournies par leur pensée et ils en jouent, parce qu'ils ne veulent pas supporter la souffrance apportée par cette tourmente, et finalement ils s'étalent par terre de tout leur long (178).

Cette réaction par la fuite est compréhensible. Car bien rares sont ceux qui comprennent le rôle positif de la crise. La plupart des gens se sentent déstabilisés et réagissent à leur manière, souvent avec affolement. C'est pourquoi il est important d'avoir compris que la vie spirituelle progresse par étapes. Chaque étape a sa fonction propre. Le tournant du milieu de la vie est une étape décisive sur le chemin vers Dieu et dans le processus de réalisation de soi, une étape douloureuse que beaucoup de gens ne veulent pas admettre, préférant, lorsqu'elle approche, réagir par la fuite, qui sert de mécanisme de défense. L'activisme forcené, si répandu à cet âge, est souvent une fuite inconsciente devant la crise intérieure. Mais comme la plupart d'entre eux sont laissés seuls avec leur crise, ils n'ont pas la possibilité de réagir autrement. Aussi aurions-nous besoin de personnes d'expérience en matière de spiritualité pour les aider à franchir cette étape et pour les accompagner à travers leur détresse jusqu'à maturation humaine et spirituelle.

3. Le blocage

Une autre manière de réagir à la crise consiste à ne pas bouger, à se bloquer devant l'exigence d'un nouveau pas sur le chemin de son développement et à s'accrocher à son mode de vie antérieur. Au plan psychologique, cette réaction conduit à se mettre à cheval sur les principes, à se retrancher derrière eux afin de masquer sa peur. Au plan religieux, le blocage se traduit par un raidissement dans la poursuite des exercices de piété antérieurs. Les devoirs religieux sont fidèlement observés, l'assistance à l'office dominical est sans faille, les prières quotidiennes sont dites scrupuleusement. Toutes les obligations sont respectées de façon tatillonne. Mais malgré tout, il n'y a aucun progrès intérieur, on se durcit, on est peu charitable, on s'en prend aux autres, on condamne leur laxisme moral ou religieux, on se prend pour un bon chrétien qui se doit de mener une vie de croyant exemplaire. En dépit de leur zèle, ces personnes donnent l'impression de ne rien rayonner de l'amour et de la bonté du Christ. Il n'émane d'elles aucun enthousiasme, mais une odeur confinée de suffisance et d'étroitesse. Elles sont mesquines, tristes, dures dans leurs jugements, sûres de leur bon droit.

Cet attachement aux pratiques et aux principes religieux vise à dissimuler notre crise intérieure et à camoufler la peur qu'elle déclenche en nous. C'est en fin de compte la peur que Dieu lui-même pourrait m'arracher des mains les images que je me suis fabriquées de moi et de Lui et qu'il pourrait m'ébranler au point de faire s'écrouler l'édifice que je me suis construit pour abriter mon existence. Tauler ne cesse de critiquer l'attachement anxieux à des formes et des principes extérieurs. Dans ses sermons, il s'emploie à dévoiler ces crispations du cœur particulièrement fréquentes chez les gens pieux. Il qualifie d'idoles les principes auxquels on s'agrippe. Il estime que beaucoup de gens sont assis dessus comme jadis Rachel sur ses faux dieux (v. 171) et qu'ils s'y cramponnent obstinément pour éviter la rencontre avec le vrai Dieu.

> Mainte personne se sent si bien dans ses habitudes (c'est-à-dire sa manière de vivre et de pratiquer la piété) qu'elle ne veut s'en remettre à personne, ni à Dieu ni aux hommes, et elle se garde comme la prunelle de ses yeux pour ne surtout pas s'en remettre à Dieu. Si Notre Seigneur lui donne un avertissement direct ou indirect, elle s'empresse de se barricader derrière ses habitudes et s'en soucie comme d'une guigne (152).

Cette personne se défend contre tout ce que Dieu pourrait utiliser pour l'interpeller directement et pour la mettre en question. Elle se cramponne à ses pratiques et les brandit entre elle et Dieu. Sa sécurité, ses convictions religieuses sont plus importantes pour elle qu'une rencontre personnelle avec Lui. Elle maintient Dieu à distance. Car Il pourrait bien la fragiliser en lui révélant ce qu'il en est de son véritable état, ce qu'il en est des vrais motifs de sa pratique religieuse. Il se pourrait bien que Dieu démasque celle-ci comme relevant de l'autodéfense, qu'Il lui mette devant les yeux ses intentions et ses désirs douteux, ses tentatives pour refouler sa peur. Aussi se barricade-t-elle derrière son activité pieuse au lieu d'être pieuse. Elle s'adonne à des actes de piété pour ne pas devoir apprendre de Dieu qu'en réalité elle n'est pas pieuse du tout, mais que, dans sa pratique, elle ne fait que se chercher elle-même, chercher sa sécurité, sa justification, sa valeur spirituelle. Elle se raidit sur des rituels sans remarquer que ceux-ci ne peuvent la rendre pieuse par eux-mêmes. Elle se durcit dans l'illusion de sa valeur, mais reste inaccessible à l'appel direct de Dieu qui voudrait l'appeler à la vérité.

Cette attitude est typiquement celle des pharisiens. Elle se retrouve aussi chez beaucoup de soi-disant bons chrétiens qui n'osent pas s'engager dans la foi au vrai Dieu et se laisser transformer par lui en permanence. Tauler dit de ces hommes qu'ils se contentent de citernes closes au lieu de goûter à la source vive de Dieu. Et il déplore que ce soit justement parmi les religieux que sont si nombreux ceux

> qui ont totalement abandonné les eaux vives et qui ont si peu de vraie lumière et de vraie vie en leur for intérieur ; au contraire, il ne s'y trouve rien d'autre que des notions apprises par cœur : ils se bloquent sur leurs habitudes, œuvres et règlements tournés vers l'extérieur et vers les choses sensibles – tout (est) introduit de l'extérieur par l'ouïe ou par les sens de manière imagée ; et il n'y a rigoureusement rien venant de l'intérieur, du fond où il devrait y avoir source et jaillissement. En vérité, ne s'agit-il pas de citernes dans lesquelles rien n'est jamais venu sourdre ou jaillir des profondeurs, mais qui se sont remplies d'apports extérieurs, si bien qu'elles se

vident de la même façon. Et ils n'attendent un peu de consistance que des règlements et des manières qu'ils ont établis et décidés comme bon leur semblait. Ils ne se tournent pas vers le fond : ils n'y ont ni jaillissement, ni soif, et ils ne cherchent pas non plus à progresser. Une fois qu'ils ont vaqué à leurs affaires suivant leurs manières, apportées de l'extérieur par les sens, ils sont tout à fait satisfaits. Ils s'en tiennent à leurs citernes qu'ils se sont fabriquées eux-mêmes et ils n'ont aucun goût pour Dieu. Aussi ne se désaltèrent-ils pas à l'eau vive, ils laissent cela de côté (154).

Et Tauler termine ainsi sa description :

Ce qui a été introduit dans ces citernes, à savoir les règlements produits par les sens, pourrit, s'empuantit et finit par se dessécher ; ce qui reste au fond a pour nom orgueil, entêtement, sécheresse de cœur, dureté dans les condamnations, dans les discours et les comportements... (154 et suiv.).

Par l'activité extérieure, par l'ardeur dans la piété et par l'activisme religieux, on veut camoufler son absence de contact avec ce lieu du cœur qui est tout au fond de nous, on veut oublier que Dieu lui-même nous reste, en fin de compte, étranger. On s'imagine Le posséder en satisfaisant à des exercices religieux bien précis. On veut Le forcer à cadrer avec sa pratique religieuse. C'est la peur du Dieu vivant qui explique cette attitude. Dans la crainte qu'Il démolisse l'édifice des assurances et des justifications de soi, vous laissant tout nu devant ce qu'Il est en vérité, on essaie d'ériger autour de soi, par une conduite irréprochable, un mur de protection que Dieu lui-même ne peut franchir. Le fidèle accomplissement du devoir ne jaillit pas alors d'un cœur aimant qui a été atteint et touché par Dieu, mais d'une fixation anxieuse sur soi. On se justifie par ses œuvres, de peur de s'en remettre au jugement de Dieu, de crainte de se laisser tomber plein de confiance dans ses bras aimants. En se cramponnant à soi, on refuse la foi dans laquelle on devrait se remettre à Dieu.

Tauler ne conseille pas de renoncer aux exercices spirituels. Au contraire : des formes extérieures de piété sont bonnes quand elles ont pour visée l'homme intérieur et qu'elles l'aident à s'affranchir des assujettissements terrestres[3]. Et Tauler exhorte particulièrement les plus jeunes à pratiquer une charité agissante et des activités qui leur donnent le goût de l'amour de Dieu[4]. Bien sûr, le risque demeure de surestimer la valeur de nos actes et de laisser nos exercices « nous accaparer à tel point que nous n'arrivons jamais à

---

3. Cf. TAULER, 523 (68e sermon).
4. Cf. TAULER, 625 et suite (84e sermon).

accéder à l'intérieur de nous-mêmes »[5]. Pour Tauler, la quarantaine représente un tournant pour l'évaluation des exercices extérieurs. Il se réfère au pape Grégoire le Grand : celui-ci rappelle dans sa biographie de saint Benoît « que les prêtres de l'Ancienne Alliance devenaient gardiens du temple à cinquante ans seulement et qu'auparavant ils étaient simples agents du temple, occupés par des exercices »[6]. Avant quarante ou cinquante ans, les exercices sont un soutien indispensable pour croître intérieurement et se rapprocher de Dieu. Et pendant tout ce temps-là, dit Tauler, « il ne doit pas trop se fier, ni vers le dedans, ni vers le dehors, à la paix, au renoncement ou aussi à la maîtrise de soi, car tout cela est encore bien trop mélangé avec sa nature »[7]. Mais celui qui, après

---

5. TAULER, 339 (44e sermon).
6. TAULER, 626 (84e sermon). Tauler cite ici de manière très libre le passage du deuxième livre des *Dialogues,* après la tentation de Benoît, dans lequel le pape Grégoire explique comment Benoît devint un maître spirituel pour les autres après être venu à bout de ses propres objections. La citation exacte est : « Libéré des infirmités de l'objection, il était à présent à juste titre un maître des vertus. C'est pourquoi aussi il est prescrit par Moïse dans le livre de l'Exode que les lévites font le service à partir de vingt-cinq ans et au-delà, mais qu'à partir de cinquante ans, ils doivent être les gardiens des vases sacrés » (Nb 8, 24-26). *Dialogues II*, 2e chapitre, cité d'après la traduction de C. KNIEL, Beuron, 1929.
7. TAULER, 626 (84e sermon).

quarante ans, tient trop à ses pratiques, celui qui les fait passer avant la recherche du fond de son âme, celui-là se transforme en citerne vide. Il est accaparé par son activité extérieure, sans percevoir les sollicitations que Dieu lui adresse.

4. La connaissance de soi

Le tournant du milieu de la vie nous place devant l'exigence de la connaissance de soi. Celle-ci peut, en même temps, nous aider à venir à bout de cette crise. Lorsque la grâce de Dieu nous a touchés et a mis sens dessus dessous l'édifice de nos systèmes de pensée et de vie, la chance s'offre à nous de nous connaître nous-mêmes, non pas superficiellement, mais jusqu'au fond de notre âme, là où se trouve caché notre être véritable. Pour Tauler, aller vers la connaissance de soi, c'est faire un virage vers l'intérieur, se pencher sur le fond de son âme. Cette prise de conscience est d'abord bien douloureuse, car elle fait découvrir sans ménagement toute l'obscurité et la méchanceté, toute la lâcheté et la fausseté qui s'y cachent ; on préfère donc l'éviter. Tauler dépeint en termes saisissants l'état d'esprit de ceux qui esquivent la connaissance de soi :

> Mes enfants, à votre avis, d'où provient-il que l'homme n'arrive à pénétrer au fond de lui-même d'aucune façon ? En voici la cause : mainte peau épaisse, horrible, aussi épaisse que le front d'un bœuf, a été étendue par-dessus, et ces peaux lui cachent si bien son intériorité que ni Dieu ni lui-même ne peuvent plus y pénétrer : les peaux ont poussé par-dessus. Sachez que certaines personnes peuvent bien avoir trente à quarante de ces peaux, épaisses, grossières, noires, comme des peaux d'ours (189).

Constamment, nous pouvons vérifier que certaines personnes sont imperméables. On peut bien essayer de leur faire remarquer des défauts, elles n'entendent pas. On peut, avec bienveillance, tenter de les rendre attentives à des comportements qui font une impression pénible, mais c'est en vain. Elles n'ont aucune disposition pour reconnaître leur véritable état. En utilisant l'image de la peau de bœuf, Tauler veut signifier que ces personnes sont si peu en liaison avec leur propre réalité qu'il est impossible, même à Dieu, de percer l'épaisseur de cette peau. Leur intériorité leur est cachée, inaccessible aussi bien à eux-mêmes qu'à Dieu. Elles n'apprennent rien non plus à travers les expériences que Dieu leur envoie, positives ou négatives. Elles sont devenues absolument rigides. Elles interprètent ce qui leur arrive dans le sens d'une confirmation de leurs idées. Elles ont le regard perçant pour débusquer les faiblesses des autres, mais restent aveugles à leurs propres faiblesses. En psychologie, cet aveuglement s'appelle projection. Puisque j'ai projeté mes faiblesses sur l'autre, je ne peux plus les voir chez moi, je suis aveugle vis-à-vis de mon propre état. Cela se manifeste alors par des réprimandes à l'égard des autres, par la multiplication des critiques et des condamnations. Pour Tauler c'est « une caractéristique des faux amis de Dieu que de condamner les autres, sans jamais se condamner soi-même. Les vrais amis, en revanche, ne condamnent personne, sauf eux-mêmes ».

La connaissance de soi est donc généralement ressentie comme bien désagréable. Elle nous arrache tous nos masques et met à découvert tout ce qui est en nous. C'est pourquoi il est très compréhensible que, le plus souvent, on préfère l'esquiver. Mais voici que, dans la crise du milieu de la vie, Dieu lui-même prend les choses en main et conduit l'homme à se connaître soi-même. Pour Tauler, le fait que l'homme commence à se connaître tel qu'il est manifeste l'action de l'Esprit Saint en lui. Sous l'influence de l'Esprit, l'homme est progressivement entraîné dans la tourmente, il est ébranlé jusqu'au fond de lui-même. Et l'Esprit dévoile ce qui est inauthentique en lui :

> Le passage de l'Esprit provoque dans l'homme un grand tumulte. Plus ce passage est limpide, vrai et sans voile, plus la réaction, la mise en route et le retournement de l'homme sont rapides, forts, prompts, clairs et nets, et mieux l'homme reconnaît ses blocages dévoilés (192).

Dès qu'il arrive à pénétrer jusqu'au fond de lui-même, il va vers de mauvaises surprises :

> Hélas, que ne va-t-on pas trouver en arrivant jusqu'au fond ! Ce qui semble pour le moment relever d'une grande sainteté, quelle fausseté ne va-t-on pas au fond lui trouver ! (191).

Nous pensons devoir protéger l'être humain contre le choc du milieu de la vie. Au contraire, Tauler y voit l'œuvre de l'Esprit Saint et pense qu'il faut nous laisser ébranler par lui pour pouvoir faire une percée jusqu'à notre fond, jusqu'à notre propre vérité. Il faut tranquillement laisser s'effondrer sur nous la tour de notre suffisance et de notre pharisaïsme et nous abandonner totalement à l'œuvre que, dans cette tourmente, Dieu opère en nous :

> Mon bien cher, laisse-toi couler, couler à pic jusqu'au fond, jusqu'à ton néant et laisse s'écrouler sur toi, avec tous ses étages, la tour (de ta cathédrale de suffisance et de pharisaïsme) ! Laisse-toi envahir par tous les

> diables de l'enfer ! Le ciel et la terre avec toutes leurs créatures, tout te sera prodigieusement utile ! Laisse-toi tranquillement couler à pic, tu auras alors en partage tout ce qu'il y a de meilleur (193).

Cette parole de Tauler est bien courageuse : se laisser envahir même par les diables de l'enfer, en faisant confiance à Dieu pour qu'il nous guide à travers la tourmente !

La connaissance de soi est mise en train par l'Esprit Saint. L'homme doit cependant y contribuer de manière active. Tauler indique différents moyens susceptibles de l'aider à cette prise de conscience. Il explique comment l'homme doit observer et examiner soigneusement ses faits et gestes, ses pensées et souhaits préférés, ainsi que les faiblesses particulières de sa nature. L'observation de soi requiert de l'entraînement :

> Mes enfants, pour connaître correctement sa disposition d'esprit il faut se donner beaucoup de mal, nuit et jour il faut travailler, visualiser (imaginer), se contrôler soi-même et découvrir les motivations de tout ce qu'on fait ; de toutes ses forces, il faut diriger son action et l'orienter vers Dieu ; alors l'homme n'agit pas de manière mensongère, car toutes les bonnes œuvres que l'homme oriente vers autre chose que Dieu ne sont que mensonges. En effet, tout ce qui n'a pas Dieu pour but est une idole (195).

La méthode recommandée ici par Tauler est la « visualisation », la représentation imagée que la psychologie actuelle utilise comme technique de connaissance de soi : on laisse monter les images de son imagination, du fond de soi, de son inconscient, et on les observe. Souvent, on peut alors découvrir quelles sont les véritables racines et les bases de nos pensées et de nos actions. A l'aide de cette technique, comme Tauler le préconise, nous devons sans arrêt nous interroger sur les motifs ultimes de notre comportement, nous demander si nos références sont en nous-mêmes ou si elles sont en Dieu. Nous cramponnons-nous à des réalités extérieures, à notre succès, à nos rôles, à notre fonction ou à notre profession, à nos propriétés, aux formes de notre piété ou à notre renom de bon chrétien ? Il faut que nous découvrions quelles sont nos idoles. Et dès que nous les avons découvertes, nous devons essayer de nous en détacher. Nous devons lâcher toutes ces réalités auxquelles nous nous agrippons pour nous laisser faire uniquement par la volonté de Dieu.

Cette expérience de la prise de conscience bien douloureuse, à laquelle Dieu nous conduit au milieu de notre vie, a été faite aussi par Carlo Carretto. Voici ce qu'il en dit :

> On fait cette expérience généralement vers quarante ans. Quarante ans : une grande date liturgique de la

vie, une date biblique, date du démon de midi, de la deuxième jeunesse, une date décisive pour l'homme... C'est la date choisie par Dieu pour mettre dos au mur l'homme qui auparavant essayait de se faufiler sous le voile de fumée d'un « mi-oui, mi-non ».

Avec les revers viennent la fin des illusions, le dégoût, les ténèbres et plus profondément encore la vision ou l'expérience du péché. L'homme découvre ce qu'il est : une pauvre chose, un mélange de suffisance et de méchanceté, une créature dominée par la versatilité, la paresse, le manque de logique. Cette misère de l'homme ne connaît pas de limites, et Dieu nous la laisse consommer jusqu'à la lie...

Mais ce n'est pas tout.

Tout au fond, il y a la faute qui est plus décisive, plus étendue, même si elle est bien camouflée... Ce n'est qu'à grand-peine et au bout d'un temps assez long que nous arrivons à la percevoir, mais elle est suffisamment vivante dans notre conscience pour nous accabler et pour peser plus lourdement en nous que toutes les broutilles que nous avons l'habitude de confesser.

J'ai en vue ces attitudes qui enveloppent toute notre existence comme une sphère et qui sont présentes dans toutes nos actions et omissions. Péchés dont nous n'arrivons pas à nous débarrasser simplement. Réalités qui nous restent le plus souvent cachées mais qui nous tiennent solidement en main : paresse et lâcheté, duplicité et vanité, et dont même notre prière ne peut être entièrement exempte. Voilà des réalités qui pèsent lourdement sur toute notre existence[8].

---

8. C. CARRETTO, *Wo der Dornbusch brennt* (Dans le feu du buisson ardent), Fribourg, 1976, p. 81 et suivantes.

Cette citation montre que l'expérience de Tauler n'est pas isolée et qu'elle n'est pas limitée aux mystiques. Elle atteint toute personne cherchant à mener une vie spirituelle. Il est donc important d'avoir compris les lois régissant celle-ci afin de pouvoir aider les personnes qui, dans leur évolution religieuse, sont en train de passer par l'étape de cette crise.

5. Le détachement

A côté de la connaissance de soi, Tauler parle encore d'un autre moyen pour surmonter la crise du milieu de la vie : le détachement. Il n'a pas en vue un détachement et un calme stoïciens qui ne se laissent ébranler par rien, mais la capacité de se détacher de soi. Pour Tauler, le détachement représente ce que la Sainte Écriture appelle le renoncement, l'abandon de sa propre volonté pour s'en remettre à la volonté de Dieu. Il a un aspect dynamique et représente une progression vers Dieu.

Pour que l'homme puisse être changé en bien, il faut qu'il renonce à beaucoup de choses. Du côté du mal, de l'entêtement, de l'autoritarisme. Mais aussi du côté du bien, dans la mesure où celui-ci freine le progrès. Car le bien peut être l'ennemi du mieux et devenir un handicap pour l'homme sur le chemin vers Dieu. Tauler illustre cette idée par l'image de la fiancée à qui on retire ses anciens vêtements et qui est lavée « pour être ensuite revêtue par le divin fiancé de nouveaux vêtements d'autant plus somptueux » (198). En parlant d'anciens vêtements, Tauler ne pense pas seulement à ceux qui sont souillés par le péché, mais aussi à ceux qui sont « encore bons et que l'on retire à la fiancée uniquement parce qu'ils sont vieux » (198). Il veut dire que les bonnes pratiques et les vertus de base doivent à présent être relayées par une pratique meilleure et une plus haute vertu.

Il y a des formes d'expression religieuse spécifiques pour chaque âge de la vie. Il ne faut pas s'en tenir aveuglément à une pratique qui était bonne lorsqu'on était jeune. Si, au cours de cette crise, les pratiques antérieures s'avèrent insipides et infructueuses, cela ne signifie pas qu'on courait jusqu'à présent après des leurres, mais c'est un avertissement de Dieu : il faudrait à présent chercher d'autres formules, plus appropriées à l'étape en cours de notre évolution spirituelle. Peut-être est-il temps pour moi d'élever le niveau de ma prière. Au lieu de tenir de longs monologues qui finissent par me lasser moi-même, je devrais apprendre à me faire silencieux devant Dieu. Au lieu d'avaler toujours davantage de livres pieux, je devrais peut-être simplifier ma prière. Je devrais renoncer à vouloir sans cesse découvrir de nouvelles expériences spirituelles, de nouveaux sentiments religieux et, au contraire, devenir tout simple devant Dieu, vivre en sa présence, sans pouvoir parler beaucoup de cela.

Beaucoup de personnes connaissent une crise spirituelle au milieu de leur vie parce qu'elles étendent au domaine religieux l'esprit de conquête qui leur avait permis de réussir leur vie professionnelle. Elles sont constamment à l'affût de nouvelles expériences religieuses, comme si elles voulaient amasser un trésor spirituel. Aridité et déception dans la prière sont des avertissements pour que je mette un terme à cette recherche avide d'expériences du divin, pour que je renonce à mon désir de possession et que je devienne tout simple devant Dieu. Il s'agirait en somme de m'abandonner totalement à Dieu sans exiger de lui sans arrêt des dons tels que la tranquillité, le bien-être, la sécurité, la jouissance spirituelle.

Le détachement suppose aussi qu'on soit prêt à souffrir. Être détaché ne signifie pas être tranquille et jouir de sa tranquillité, au contraire, c'est consentir à ne plus être maître de sa propre tranquillité et à se laisser mener par Dieu dans la tourmente. « La paix véritable ne peut être engendrée que par les épreuves de la purification, dans la tourmente » (216). C'est pourquoi il importe de supporter la tourmente et les souffrances qui l'accompagnent :

> Reste présent à toi-même et ne prends pas la fuite, souffre jusqu'au bout et ne cherche pas autre chose ! Non pas comme ces personnes qui cherchent toujours la nouveauté pour échapper à la tourmente dès qu'elles sont dans cette pauvreté intérieure. Ou encore elles s'en vont gémir et interroger des maîtres, ce qui les égare encore davantage. Reste dans ton état sans hésitation ; après les ténèbres viendra la clarté du jour, le soleil dans tout son éclat (217).

Tauler y revient sans cesse : l'homme n'a pas le droit d'échapper à la tourmente, il doit patienter. Il ne peut s'en sortir par ses forces propres. Il ne peut rien faire d'autre qu'attendre que Dieu lui-même lui fasse traverser la tourmente jusqu'à une nouvelle maturité spirituelle. Et il faut qu'il ait confiance ; Dieu ne le laisse pas s'enfoncer dans la tourmente sans nourrir pour lui un dessein positif. C'est dans cette disposition d'esprit qu'il doit être prêt à lâcher les rênes et à se laisser prendre par la main. Dans la crise du milieu de la vie, il s'agit en somme d'une passation de pouvoir intérieure. Ce n'est plus moi qui dois me diriger, mais c'est Dieu. Car c'est bien Dieu qui est à l'œuvre dans la crise, et je ne dois pas lui faire obstacle, afin qu'il puisse accomplir son œuvre en moi.

Tauler ne se lasse pas de faire comprendre à ses auditeurs que c'est l'Esprit Saint qui a provoqué la crise et qui œuvre dans l'homme à travers la tourmente. La tâche de l'homme consiste donc à ne pas lui faire obstacle,

> qu'il se laisse apprêter et qu'il donne place et espace [à l'Esprit] afin qu'il puisse commencer son œuvre en lui. Il y a bien peu de gens qui font cela, même pas ceux qui sont en habit religieux, alors que Dieu les a élus dans ce but (180).

Tauler sait décrire en images très évocatrices la tourmente par laquelle l'Esprit Saint veut opérer la transformation intérieure et façonner un être nouveau. Voici ce qu'il dit, à propos de Mt 10, 16, de la perspicacité du serpent :

> Lorsqu'il remarque qu'il commence à vieillir, à se rider et à sentir mauvais, il cherche un passage étroit entre deux pierres voisines et il s'y faufile en

> les serrant de si près qu'il perd sa vieille peau ; et par-dessous une nouvelle peau s'est déjà formée. L'homme doit faire de même avec sa vieille peau ; il en est ainsi pour tout ce qu'il a de par sa nature, aussi grand et bon que cela puisse être, c'est certainement périmé et plein de défauts ; que cela soit donc décapé par le passage entre les deux pierres qui sont l'une à côté de l'autre (215).

Pour mûrir, pour parvenir au fond de son âme, il faut se faufiler à travers le passage étroit entre les deux pierres : on ne peut courir continuellement après de nouvelles méthodes de maturation humaine et spirituelle, ce ne serait qu'une fuite pour échapper à la tourmente. A un moment donné, il faut avoir le courage de franchir le passage, même si on perd sa vieille peau, même si on récolte des plaies et des écorchures. Toute décision enserre. Mais si l'on ne franchit pas le passage, on ne peut ni mûrir, ni se renouveler. Il faut que l'homme extérieur soit décapé, afin que, jour après jour, l'homme intérieur devienne nouveau (cf. 2 Co 4, 16).

Si l'on prend les paroles de Tauler au sérieux et si l'on reconnaît Dieu lui-même à l'œuvre dans la crise du milieu de la vie, celle-ci apparaît moins menaçante et moins dangereuse. Il ne faut pas en avoir peur. Au contraire, on peut la considérer comme une chance pour avancer d'un pas et se rapprocher de Dieu. Ce qui nous est donc demandé dans la crise, c'est de laisser l'œuvre de Dieu se faire en nous. Bien souvent, son action est douloureuse pour nous. Il s'agit alors de subir Dieu en moi jusqu'au bout, de porter le fardeau qu'il m'envoie, sans en être brisé intérieurement. Cette attitude est très exigeante pour quelqu'un qui était habitué à prendre tout en main lui-même. Et il y a donc aussi le risque de vouloir reprendre en main la crise elle-même, de reprendre l'initiative pour accélérer le processus intérieur. En prenant conscience de la chance qui s'offre, on veut la mettre à profit et intervenir soi-même en jetant par-dessus bord des formes de vie dépassées. Tauler met en garde contre cette intervention autoritaire dans le travail de Dieu. Il ne faut pas que nous gênions son action dans et par la tourmente, nous n'avons pas à abandonner nos pratiques antérieures de notre propre chef, mais seulement lorsque Dieu nous y accule :

> Les matières et les formes qui incitent le mieux, intérieurement et extérieurement, à de bonnes œuvres et à l'amour de Dieu ne doivent être abandonnées par l'homme que lorsqu'elles se détachent d'elles-mêmes (182).

Il faut faire très progressivement l'apprentissage de l'abandon à l'action de Dieu. Il est trop tentant de continuer à planifier soi-même sa vie et sa pratique. On se méfie de toute passivité, par crainte de lâcher les rênes. Auparavant, il était bon de décider soi-même des modalités de sa vie. Aussi veut-on continuer à faire de même. Mais s'il est bon pour la jeunesse de s'entraîner et de se fixer ses objectifs, il s'agit, à l'âge mûr, de laisser faire Dieu. Ainsi faut-il entrer pas à pas dans sa volonté et s'abandonner à sa Providence, ce qui exige l'abnégation de son propre cœur.

6. La naissance divine

Pour Tauler, les difficultés et les tourments qui accompagnent la crise du milieu de la vie sont simplement les douleurs de l'enfantement qui accompagnent la naissance divine en l'homme. Dans la tourmente de cette crise, Dieu pousse les hommes à se tourner vers le fond de leur être, à reconnaître leur impuissance et leur faiblesse et à s'abandonner totalement à son Esprit. Lorsque quelqu'un se détache de tout ce qui peut gêner l'action de Dieu en lui, alors Dieu peut être engendré dans le fond de son être. Et, d'après Tauler, cette naissance de Dieu en l'homme est le but ultime du cheminement spirituel :

> Fais-moi confiance, aucune tourmente ne s'élève dans l'homme sans que Dieu n'ait, en fait, l'intention de procéder à une nouvelle naissance en lui. Et sache-le : tout ce qui t'enlève la tourmente ou la pression, tout ce qui l'apaise ou la soulage, tout cela se fait engendrement en toi. Et puis se produit la naissance quelle qu'elle soit, Dieu ou créature. Et maintenant réfléchis bien à ceci : si une créature te débarrasse du tourment, quel que soit son nom, elle gâche complètement la naissance de Dieu en toi (217).

Dans ce texte est encore une fois clairement indiqué ce qui menace de se produire dans la crise. On est tenté de faire baisser la pression soi-même, en se tournant vers le dehors, en faisant de l'activisme, en se cramponnant à des pratiques religieuses, en procédant à des changements extérieurs. Dans tout cela il s'agit de créatures, de choses qu'on se fabrique. Elles empêcheraient Dieu d'être engendré en nous. Il s'agit donc de laisser à Dieu seul le soin de faire baisser la pression, en acceptant de le subir, en le laissant agir en nous, en s'en remettant à lui. Dieu seul peut nous libérer de la pression.

> Advienne ce qui voudra, de l'extérieur ou de l'intérieur : laisse la suppuration se faire jusqu'au bout et ne cherche pas de consolation, alors Dieu te libère certainement, reste donc disponible et laisse-le faire entièrement (217).

Le retournement vers l'intérieur est une condition nécessaire pour la naissance divine en l'homme. L'âme doit

> faire en elle calme et silence et se clore sur elle-même, se dissimuler aux sens et s'envelopper dans l'Esprit, afin d'échapper aux choses sensibles et de préparer en soi un lieu de silence, de halte intérieure [9].

Dans ce silence intérieur, la Parole de Dieu peut être entendue et accueillie ; c'est en Lui que s'accomplit la naissance divine en l'homme, comme jadis en Marie, dont Augustin a dit :

> Marie était davantage comblée par la naissance spirituelle de Dieu en son âme que par la naissance charnelle de Dieu à travers son corps [10].

Avec cette conception de la naissance divine, typique de la mystique allemande, Tauler veut signifier que l'homme s'ouvre à Dieu, devient capable de le rencontrer, d'être transformé intérieurement par Lui et de vivre d'une vie issue de l'Esprit de Dieu. Dieu n'est plus simplement une instance extérieure qui veille à l'observation de

---

9. TAULER, 19 (1er sermon).
10. TAULER, 18 (1er sermon).

commandements, il n'est plus l'idéal que l'on s'efforce d'atteindre, mais il est entré dans notre intériorité, dans notre expérience vécue, et nous vivons dorénavant de cette expérience de Dieu présent en nous. La vie issue de Dieu ne passe plus seulement par la volonté d'accomplir ses commandements, mais elle croît à partir d'un cœur saisi par Dieu, devenu calme et serein grâce à sa proximité, mûr et sage, bienveillant et plein d'amour.

La crise du milieu de la vie a donc un objectif. Celui d'offrir à l'être humain l'opportunité de faire une percée jusqu'à son humanité authentique et d'accomplir un pas décisif sur le chemin qui mène à Dieu. Si nous avons compris les relations entre tourmente et naissance divine, comme Tauler nous les a expliquées, il nous sera possible de réagir différemment aux premiers indices de la crise. Nous ne perdrons pas la tête et nous ne croirons pas nécessaire d'essayer toutes les méthodes psychologiques possibles pour franchir sains et saufs les reprises du combat. Au contraire, le fait d'accepter la crise et d'écouter ce que Dieu veut nous dire à travers elle deviendra pour nous une tâche spirituelle. Nous n'aurons pas à nous protéger par un des nombreux mécanismes de défense possibles, nous n'aurons pas non plus à prendre la fuite, mais nous pourrons laisser Dieu agir sur nous en toute confiance, nous pourrons lui permettre de faire le ménage dans notre demeure et de mettre sens dessus dessous l'ordre qui était supposé y régner. Alors, au lieu de gémir sur notre crise, nous remercierons Dieu pour l'œuvre qu'il opère en nous, pour la manière dont il brise nos raideurs afin de frayer un chemin à son Esprit, qui voudrait transformer toujours davantage notre cœur.

II. LES PROBLÈMES
DU MILIEU DE LA VIE

SELON CARL GUSTAV JUNG

Carl Gustav Jung aborde le problème du milieu de la vie avec d'autres présupposés que Tauler, mystique et prédicateur. Psychologue, Jung se borne comme tel aux méthodes des sciences expérimentales, laissant aux théologiens le soin de tirer des conclusions philosophiques et théologiques. Mais le domaine du religieux constitue aussi un phénomène observable que le psychologue rencontre sans cesse chez ses patients. On ne peut s'intéresser au psychisme de l'être humain sans remarquer ses multiples tentatives pour trouver, à travers des images et des systèmes religieux, une réponse à la question du sens. Jung observe ces interprétations religieuses en spécialiste des sciences humaines, uniquement du point de vue de leur capacité à contribuer à la santé de l'esprit. En tant que scientifique, il ne peut se prononcer sur l'existence d'une réalité transcendante au-delà des images religieuses, mais en tant qu'homme il a bien souvent reconnu cette réalité.

Il est donc remarquable que Jung, en partant de la psychologie, aboutisse à des résultats semblables à ceux de Tauler. Cela signifie que si la voie religieuse est comprise correctement, elle est également juste du point de vue de la psychologie. Celle-ci nous fournit des critères pour faire la distinction entre formes erronées et formes saines de la pratique religieuse. Bien sûr, la psychologie ne peut s'arroger le droit d'être un instrument d'évaluation de la voie religieuse. Mais chaque religion doit au minimum accepter que la psychologie lui demande dans quelle mesure ses dogmes et ses pratiques sont bons ou mauvais pour la santé psychique de l'être humain. Car la religion se comprend en définitive comme chemin de salut, ce salut n'étant pas réservé à l'au-delà mais aussi offert dès ici-bas.

A la suite de Sigmund Freud, la psychologie s'est concentrée presque exclusivement sur la phase enfantine du développement humain. Les différentes étapes de l'enfance et de la jeunesse ont été étudiées avec grand soin. Lorsqu'un adulte est affecté par des crises ou par des phénomènes névrotiques, on remonte à son enfance pour expliquer et guérir son état présent. L'intérêt de la psychologie classique pour le développement humain prend fin avec la traversée de la puberté dans l'adolescence, vers dix-sept ou dix-huit ans.

C'est seulement avec Carl Gustav Jung (1875-1961) que la psychologie change de perspective. Si Freud est le psychologue de la première moitié de la vie, on peut à juste titre qualifier Jung de psychologue de la deuxième moitié. Il ne s'agit pas pour lui de remonter jusqu'à l'enfance pour comprendre les problèmes de l'adulte, mais de trouver des voies pour l'aider ici et maintenant. Ce changement de perspective ne concerne cependant pas que le temps : les problèmes envisagés changent également de nature. Pour Freud, les conflits névrotiques de l'être humain sont uniquement des problèmes relatifs aux pulsions, et ceux-ci se sont généralement développés dans l'enfance. Au cours de ses consultations, Jung découvre au contraire qu'au-delà de trente-cinq ans, la plupart des problèmes sont de nature spirituelle.

1. Le processus d'individuation

Si nous voulons comprendre les observations de Jung relatives aux problèmes du milieu de la vie, il nous faut revenir brièvement sur sa conception du développement de la personne humaine, sur le processus d'individuation. Jung appelle individuation le processus remarquable qui « crée un individu psychologique, c'est-à-dire une unité autonome et indivisible, une totalité »[1]. Ce processus comporte deux grandes phases, celle de l'expansion, au cours de la première moitié de la vie, et celle de l'introversion, dans la deuxième moitié.

L'enfant vit au départ entièrement dans l'inconscient ; l'enjeu de la première partie de la vie est de s'en arracher progressivement et de se constituer un Moi conscient. Par le terme de Moi, Jung désigne le noyau personnel conscient, le centre de l'activité et du jugement. Au cours de cette phase, il faut que l'être humain fortifie progressivement son Moi, il faut qu'il se fasse une place au soleil et qu'il puisse s'y maintenir. Dans ce but, il développe une *persona*, figure adaptée aux attentes de l'entourage, masque qui lui évite d'être livré aux autres sans défense, avec tous ses sentiments et états d'âme[2]. C'est à la persona

---

[1]. C.G. JUNG, *Gesammelte Werke* (Œuvres complètes, abrégé par la suite en *G.W.*), vol. 9, Olten, 1976, p. 293.
[2]. Cf. J. JACOBI, *Der Weg zur Individuation* (Le chemin vers l'individuation), Zurich, 1965, p. 48 et suiv. Concernant la nécessité d'une persona bien adaptée, cf. JUNG, *G.W.*, vol. 7, p. 218.

qu'incombe la gestion des relations entre le Moi et le monde environnant. Puisque, au cours de cette période, l'être humain applique tout son soin à fortifier son Moi et à édifier une persona solide, il néglige par la force des choses beaucoup d'autres de ses aspects. La conséquence en est la formation de *l'ombre*, en quelque sorte image spéculaire du Moi, composée « des aspects psychiques de l'être humain qui ont été en partie refoulés, en partie non vécus ou très peu vécus, qui avaient été dès le départ exclus de l'existence courante pour des raisons morales, sociales, éducatives ou autres encore et qui avaient été livrés de ce fait au refoulement ou à la censure »[3].

L'ombre ne se réduit donc pas au versant négatif obscur mais comporte aussi des aspects positifs. La nature humaine est faite de couples de pôles ; à chaque pôle correspond un pôle opposé. L'un d'eux est admis dans le conscient, l'autre reste confiné dans l'inconscient. En face de toute qualité se dresse son opposé. Plus l'être humain développe une qualité particulière, plus se renforcent dans l'inconscient les répercussions de la qualité opposée. Ceci ne vaut pas seulement pour les vertus, mais aussi pour les quatre fonctions psy-

---

3. J. JACOBI, *Der Weg zur Individuation*, p. 50.

chiques de la conscience distinguées par Jung : pensée, sentiment, intuition, sensation. Si un être humain développe unilatéralement ses fonctions rationnelles, il sera submergé dans son inconscient par les manifestations infantiles et pulsionnelles de sa sensibilité (par exemple, une sentimentalité exacerbée). Les qualités et les modèles de comportement relégués dans l'ombre sont généralement projetés sur d'autres personnes, de préférence de type psychologique opposé. Empêchant l'ombre d'émerger à la conscience, cette projection est souvent à l'origine de tensions interpersonnelles.

A côté de son ombre personnelle, l'être humain porte aussi en lui une ombre collective formée de tout ce qui, dans l'histoire de l'humanité, est universellement mauvais et obscur. L'ombre collective est une partie de *l'inconscient collectif*, mémoire où sont stockées les expériences ancestrales de l'humanité qui ont trouvé leur expression dans les mythes, les archétypes et les symboles religieux. A l'inconscient collectif appartiennent aussi *l'anima* et *l'animus,* symboles des traits et des qualités qui relèvent du féminin et du masculin, du maternel et du paternel.

Dans la première partie de sa vie, l'être humain est tellement accaparé par l'affirmation de soi, qu'il s'identifie avec son Moi conscient. L'ombre, l'anima (ou l'animus), l'inconscient sont refoulés, sans qu'il en résulte de grands dommages. Mais voici que tout change dans la deuxième moitié. Il s'agit à présent d'intégrer l'ombre, l'anima (ou l'animus), de retirer en conséquence les projections qu'on faisait vers l'extérieur, de s'ouvrir à son propre inconscient et de rendre conscientes les dispositions et les qualités qu'il contient. Il faut que le Moi se retourne vers son origine, vers le Soi, pour recevoir de lui une nouvelle force vitale. L'individuation a pour but l'épanouissement du Soi, concept que Jung définit comme « la totalité psychique de l'être humain »[4]. Alors que le Moi est uniquement conscient et l'ombre au contraire inconsciente, le Soi englobe à la fois conscient et inconscient. L'être humain doit se redéployer du Moi vers le Soi. Ceci se fait par le transfert dans le champ conscient et par l'intégration d'une part toujours plus grande d'inconscient.

2. Problèmes du milieu de la vie

Le milieu de la vie, situé entre trente-cinq et quarante-cinq ans environ, désigne ce tournant au

---

4. JUNG, *G.W.*, vol. 111, Zurich-Stuttgart, 1963, p. 170.

cours duquel l'épanouissement du Moi doit se muter en mûrissement du Soi. Le problème essentiel posé par ce tournant est que l'être humain croit pouvoir maîtriser les tâches de la deuxième moitié de la vie en conservant les méthodes et les principes de la première moitié. La vie humaine peut se comparer au périple du soleil. Il se lève le matin, illuminant le monde. Dès qu'il a atteint à midi son point culminant, il se met à baisser et son rayonnement diminue. L'après-midi est tout aussi important que le matin. Mais il suit tout simplement d'autres lois. Pour l'être humain, reconnaître et admettre la courbe de sa vie consiste à s'adapter, à partir de son midi, à la réalité intérieure et non plus à la réalité extérieure. Ce n'est plus l'expansion qui est exigée de lui, mais la réduction à l'essentiel, le cheminement vers l'intériorité, l'introversion. « Ce que la jeunesse a trouvé et devait trouver à l'extérieur, l'homme de l'après-midi doit le trouver en lui.[5] »

Les problèmes devant lesquels l'homme se retrouve au midi de sa vie sont liés aux tâches dont la réalisation lui est imposée par la deuxième moitié de la vie et par rapport auxquelles il doit apprendre à se situer :

---

5. *Ibid.*, vol. 7, p. 81.

– *la relativisation de sa persona ;*
– *l'acceptation de son ombre ;*
– *l'intégration de son anima ou de son animus ;*
– *l'épanouissement du Soi dans l'acceptation de la mort et la rencontre avec Dieu.*

La relativisation de la persona

Il a fallu beaucoup d'énergie à l'adolescent et au jeune adulte pour conquérir sa place dans la vie. Cette lutte exigeait une forte persona qui lui permettait de s'affirmer dans l'existence. Mais le renforcement de la persona passait par le refoulement de l'inconscient. Celui-ci faisant à présent irruption au milieu de la vie, l'être humain est déstabilisé, son assurance consciemment assumée s'effondre ; désorienté, il perd son équilibre. Pour Jung, cette perte d'équilibre est tout à fait opportune, car elle oblige à la recherche d'un nouvel équilibre dans lequel l'inconscient aussi reçoit à présent sa juste place [6].

Bien sûr, l'effondrement de ces repères peut aussi tourner à la catastrophe. Une réaction de protection contre la déstabilisation, assez fré-

---

6. Cf. JUNG, *G.W.*, vol. 7, p. 178 et suiv.

quente, consiste à se cramponner à sa persona, à s'identifier, sans aucune prise de distance, à son poste, à son emploi, à son titre. Jung estime que l'identification au poste ou au titre « exerce une véritable séduction, si bien que beaucoup de représentants du sexe masculin se réduisent au rang qui leur est accordé par la société. C'est en vain qu'on chercherait une personne sous cette enveloppe. Derrière les somptueuses apparences, on ne trouverait qu'un pitoyable petit bonhomme. Si la fonction exerce une telle séduction, c'est qu'elle compense à bon compte l'insuffisance personnelle »[7]. Au lieu d'être à l'écoute des attentes du monde et de se retrancher derrière sa persona, l'homme du milieu de la vie devrait être plus attentif à la voix intérieure et s'employer à développer sa personnalité profonde.

L'acceptation de l'ombre, ou le problème des opposés

Jung voit toute la vie humaine sous forme de couples d'opposés : ainsi conscient et inconscient, lumière et ombre, animus et anima. La notion d'antagonisme est essentielle pour l'être humain.

---

7. *Ibid.*, p. 159.

Il ne se constitue en totalité, il ne se déploie jusqu'au Soi que s'il ne refuse pas les opposés mais s'il les englobe en soi. La première moitié de la vie, par le renforcement du Moi, mettait unilatéralement l'accent sur le conscient. La raison se forgeait des idéaux que le Moi suivait. Mais à tous ces idéaux correspondent dans l'inconscient des prises de position opposées. Plus grand est l'effort pour exclure celles-ci, plus fréquent est leur retour dans les rêves. De même, les modèles de comportement vécus consciemment suscitent des attitudes contraires dans l'inconscient. Le milieu de la vie exige à présent de se tourner aussi vers les pôles opposés, d'accepter l'ombre auparavant non vécue, et d'entrer en débat avec eux.

Nous rencontrons alors deux erreurs de comportement typiques : l'une consiste à ne pas voir le contraire de l'attitude consciente. On se cramponne aux anciennes valeurs, on se fait le champion des principes, le *laudator temporis acti* (le panégyriste du temps passé). On se raidit, on se pétrifie, on se met des œillères. L'observation des règlements sert de succédané à la transformation spirituelle[8]. C'est en dernier ressort la peur d'affronter le problème des opposés qui provoque ce raidissement. Le

---

8. Cf. JUNG, *G.W.*, vol. 9, p. 151.

double inquiétant, dans l'ombre, inspire de l'appréhension et on préfère ne pas le voir. On ne s'autorise « qu'une seule vérité, qu'une seule ligne de conduite qui doit être absolue ; sinon elle ne fournit aucune protection contre la menace d'un bouleversement imminent que l'on flaire partout, sauf en soi »[9].

L'autre réaction erronée au problème des opposés consiste à jeter par-dessus bord toutes les valeurs auxquelles on adhérait. Dès que l'on découvre de l'erreur dans la conviction qu'on avait jusqu'ici, de la non-vérité dans la vérité, de la haine dans l'amour que l'on éprouvait jusqu'ici, on met de côté tous ses idéaux antérieurs et on tente de poursuivre sa vie en prenant le contre-pied de son ancien Moi. « Changements de profession, divorces, conversions religieuses, reniements de toutes sortes sont des symptômes de ce basculement vers l'attitude opposée[10]. » On pense pouvoir enfin réaliser tout ce qui était jusqu'à présent refoulé. Mais, au lieu d'intégrer les contenus non vécus auparavant, on se livre à eux et on refoule ce qui était jusqu'ici vécu consciemment. Le refoulement persiste, il a simplement

---

9. *Ibid.*, vol. 7, p. 82.
10. *Ibid.*, p. 81.

changé d'objet. Et avec le refoulement, persiste aussi la perturbation de l'équilibre. On succombe à l'erreur de croire qu'une valeur donnée est abolie par la valeur opposée. On ne saisit pas qu'aucune valeur, aucune vérité de notre vie n'est niée par son contraire, mais que les deux sont en relation de réciprocité. « Tout ce qui est humain est relatif car tout repose sur des antagonismes intérieurs[11]. » La propension à renier les anciennes valeurs au profit de leurs contraires est de ce fait aussi exagérée que la vision unilatérale antérieure où, à force d'idéaux, on ne prenait pas garde aux fantasmes inconscients qui les mettaient en question. Dans la deuxième moitié de la vie, il ne s'agit pas « d'une conversion à l'opposé, mais d'un maintien des anciennes valeurs allant de pair avec la reconnaissance de leurs opposés »[12].

L'intégration de l'anima et de l'animus

Le problème des opposés se manifeste entre autres, au tournant de la vie, par l'apparition chez l'homme et la femme de caractéristiques de l'autre sexe. « Surtout chez les peuples méridio-

---

11. *Ibid.*, p. 82.
12. *Ibid.*, p. 82.

naux, on constate que les femmes d'un certain âge développent une voix rauque et basse, de la moustache, une physionomie plus dure et des comportements masculins à divers autres points de vue. A l'inverse, l'allure physique masculine s'adoucit et se féminise, par exemple, par de l'embonpoint, par des expressions adoucies dans le visage[13]. » Selon Jung, tout se passe comme si chaque personne avait une certaine provision de masculinité et de féminité. Dans la première moitié de la vie, l'homme consommerait la plus grande partie de son potentiel masculin, si bien qu'il lui resterait ensuite essentiellement de la substance féminine[14].

Cela semble se manifester dans les modifications psychiques qui apparaissent chez l'homme et la femme au milieu de la vie :

> Il est fréquent de constater que vers quarante-cinq, cinquante ans, l'homme se trouve au bout du rouleau ; c'est la femme qui alors « porte la culotte » ; elle ouvre, par exemple, un petit commerce, l'homme se contentant de donner un coup de main. Beaucoup de femmes n'accèdent à la responsabilité et à la conscience sociales qu'après quarante ans

---

13. JUNG, *G.W.*, vol. 8, p. 453 et suiv.
14. *Ibid.*, p. 454.

révolus. Dans la vie économique moderne, le *breakdown*, la dépression nerveuse, est extraordinairement fréquente après quarante ans, particulièrement en Amérique. Lorsqu'on examine les victimes de plus près, on constate que c'est le style de vie très masculin mené jusqu'alors qui s'est écroulé ; il ne reste ensuite qu'un homme féminisé. Dans les mêmes milieux, on observe à l'inverse des femmes développant au même âge une masculinité hors du commun, durcissant leur façon de penser, si bien que le cœur et le sentiment sont relégués à l'arrière-plan. Très souvent, ces transformations s'accompagnent d'échecs conjugaux de toutes sortes, car il n'est pas bien difficile d'imaginer ce qui peut se passer lorsque l'homme découvre sa délicatesse de sentiments et la femme sa raison[15].

Jung utilise les termes d'anima et d'animus pour désigner les traits, qualités et principes féminins et masculins. Tout être humain porte en lui les deux potentialités. Dans la première moitié de la vie, il n'en développe généralement qu'une seule, tandis que l'autre est refoulée vers l'inconscient. Si l'homme n'affirme que sa masculinité, son anima se retire dans l'inconscient et se manifeste par des humeurs et des émotions violentes. « Elle renforce, exagère, fausse et traduit sous forme de mythes toutes les relations émo-

---

15. *Ibid.*, p. 454 et suiv.

tives avec la profession et les personnes des deux sexes[16]. »

Chez les femmes, l'animus refoulé se manifeste par la fermeté des convictions. Celles-ci reposent sur des présupposés inconscients et ne peuvent, de ce fait, être ébranlées par rien. Ce sont des principes intouchables qu'il n'est pas question de discuter, car ils sont en quelque sorte légitimes par nature.

> Chez des intellectuelles, l'animus provoque une façon d'argumenter et de raisonner qui se veut rationnelle et critique, mais qui consiste pour l'essentiel à faire d'un point faible accessoire une affaire capitale absurde. Ou encore, une discussion claire en soi sera désespérément embrouillée par l'intervention d'un point de vue tout autre et si possible tortueux. Sans même s'en rendre compte, des femmes de ce genre cherchent simplement à irriter leur vis-à-vis masculin, se soumettant ainsi encore plus complètement à leur animus[17].

Si l'homme n'admet pas ses traits de caractère féminins, c'est-à-dire ses sentiments, la créativité et la tendresse qu'il porte en lui, il les projette sur des femmes qu'il trouve alors fascinantes. Une

---

16. *Ibid.*, vol. 9, p. 86.
17. *Ibid.*, vol. 7, p. 229.

projection entraîne toujours une fascination. Ainsi l'état amoureux des jeunes gens, accompagné d'émotions si intenses, est toujours associé à des projections. Dans la deuxième moitié de la vie, l'homme se trouve devant l'exigence de retirer sa projection. Il faut qu'il s'avoue et qu'il confesse que tout ce qui l'attire tant dans telle femme se trouve de fait en lui. Pour un homme jaloux de sa virilité, cet aveu n'est vraiment pas facile. Jung pense qu'il exige une grande force d'âme et une honnêteté scrupuleuse vis-à-vis de soi-même : « Je dis que la reconnaissance de l'ombre est œuvre de compagnon, mais que la bonne entente avec l'anima est œuvre de maître dont est seulement capable une minorité[18]. »

Jung propose différentes voies pour le débat avec l'anima. Le premier pas consiste à ne pas refouler mes humeurs, mon affectivité et mes émotions en les étouffant sous quelque occupation ou en les dépréciant par l'excuse que c'est mon point faible, que je suis bien obligé de l'accepter. Il faut que je perce à jour ce « mécanisme de dépréciation et de refoulement »[19] et que je prenne au sérieux les manifestations de l'incons-

---
18. JUNG, *Lettres III*, 1956-1961, Olten, 1973, p. 225.
19. JUNG, *G.W.*, vol. 7, p. 222.

cient à travers humeurs et émotions. Il faut que j'entre en dialogue avec elles. Il faut que je donne à mon inconscient l'occasion de s'exprimer et d'accéder ainsi à la conscience. En interrogeant mon affectivité sur ce qu'elle me dit, sur les aspects, les souhaits, les dispositions de mon inconscient qu'elle souhaite me communiquer, je permets à mon anima d'accéder à la parole. Ce dialogue avec ses propres humeurs et sentiments et, à travers eux, avec son propre inconscient, constitue pour Jung une technique essentielle d'éducation de l'anima[20]. D'autres voies sont l'épanouissement conscient des forces de la sensibilité, des capacités musicales et artistiques que chacun porte en soi.

L'inconscient qui se présente à l'homme sous la forme de son anima n'est pas sans dangers. Il peut non seulement déstabiliser, mais même saisir et engloutir celui qui est par ailleurs homme d'expérience dans le monde du conscient. Cet homme a donc besoin d'une protection pour pouvoir rencontrer son inconscient dans des conditions telles qu'il puisse en tirer profit. Selon Jung, cette protection est offerte par la religion et ses symboles.

---

20. *Ibid.*, p. 223 et 237.

La religion prend en compte la sensibilité et la créativité de l'anima, se faisant ainsi, pour l'homme, mère dispensatrice de vie, source féconde à laquelle il peut se désaltérer, source de vie et de créativité.

La religion fournit à l'homme la protection qu'il cherche auprès de la mère, mais en même temps elle le délivre du lien infantile à celle-ci. Si l'homme reste attaché à sa mère, il est, d'après Jung, livré sans défense à son affectivité et menacé dans sa santé psychique. Le lien à la mère est souvent inconscient et se manifeste par la projection de l'anima sur une femme qui endosse le rôle maternel. C'est justement au milieu de la vie, lorsque l'inconscient fait irruption en lui de manière déconcertante, que l'homme cherche un abri et une protection. La peur de l'inconnu véhiculé par l'inconscient l'amène à chercher une protection féminine. Et cette peur confère à la femme un pouvoir illégitime sur lui, car c'est une tentation qui s'offre à son instinct de possession. Pour Jung, la religion est alors un remède efficace pour faire en soi-même l'expérience de la fécondité de l'anima et pour protéger l'homme de la fascination à laquelle peut le conduire la projection de l'anima sur des femmes concrètes. Mais en même temps, elle lui permet d'expérimenter toutes les forces fécondes et créatives de l'anima qui sont nécessaires à sa propre vitalité. Car privé des forces de son anima, l'homme perd de sa vitalité, de sa capacité d'adaptation et de son humanité :

> Habituellement, apparaissent alors une rigidité prématurée, si ce n'est sclérose, stéréotypie, partialité fanatique, obstination bornée, ergotage sur les principes, ou au contraire, résignation, fatigue, laisser-aller, irresponsabilité et en fin de compte « ramollissement » infantile avec un penchant pour l'alcool[21].

Comme l'homme avec son anima, la femme doit apprendre à fréquenter son animus. Apprendre à l'utiliser comme impact visible de son inconscient, comme possibilité offerte pour mieux le connaître ; à scruter avec un esprit critique l'arrière-plan de ses opinions lorsque celles-ci prennent l'allure de convictions inébranlables et de principes intouchables, afin de sonder leur provenance. Car cela permet de remonter aux présupposés inconscients de ces opinions qui, en apparence, ont des bases purement rationnelles. L'animus joue ainsi le rôle de pont vers l'inconscient où reposent des forces fécondes et créatives, nécessaires à son devenir.

---

21. JUNG, *G.W.*, vol. 9, p. 87.

Chez la femme, la religion joue dans l'intégration de l'animus un autre rôle que chez l'homme. Pour elle, ce sont surtout les exigences ascétiques et morales qui ont de l'importance : elles lui permettront de se débarrasser d'un comportement maternel trop protecteur et de se tourner vers l'engagement, la prise de responsabilité, l'action. L'animus doit modeler l'anima, l'esprit d'exigence du père doit féconder l'anima. Ainsi la religion peut conférer à l'anima la forme et l'épaisseur qui permettront à la femme de s'épanouir et de grandir.

L'intégration de l'anima et de l'animus trouve par ailleurs un soutien dans la communauté qui peut offrir un havre, mais aussi des exigences et des structurations. Celui qui se ferme à la communauté se coupe du fleuve de la vie. Jung explique ce comportement par le désir de cacher sa sensibilité et ses médiocrités. Et, de ce fait, la solitude et l'isolement ne sont pas dus en dernier ressort à des capacités de contact insuffisantes, mais à un manque de modestie. Celui qui est trop fier pour s'ouvrir à son entourage s'isole lui-même. Celui qui est suffisamment modeste ne reste jamais seul[22]. L'homme ou la femme qui

---

22. Cf. *Lettres III*, p. 93 : « Si vous êtes seul, c'est parce que vous vous isolez. Si vous êtes suffisamment modeste, vous ne resterez

permet aux forces de l'animus et de l'anima de le remettre sans arrêt en question et d'entamer la persona qu'il s'est bâtie en rempart vis-à-vis de l'extérieur, qui affronte honnêtement ses antagonismes, qui scrute sans cesse l'arrière-plan de ses états d'esprit et de ses opinions, qui est assez modeste pour s'ouvrir à l'autre, cet homme-là trouvera dans la communauté une aide efficace pour intégrer animus et anima et pour atteindre ainsi son équilibre spirituel.

L'épanouissement du Soi dans l'acceptation de la mort et dans la rencontre avec Dieu

Le véritable problème auquel l'être humain se trouve affronté au milieu de la vie est finalement celui de son attitude face à la mort. La courbe de vie psychique qui s'incline vers le bas se dirige vers la mort. C'est seulement si l'être humain croit à une vie après la mort que la fin de sa vie terrestre et sa mort constituent un but raisonnable. C'est dans ce cas seulement que la deuxième moitié de la vie trouve en elle-même son sens et

---

jamais seul. Rien ne nous isole davantage que le pouvoir et le prestige. Essayez de descendre de votre piédestal et d'apprendre la modestie, et vous ne serez jamais seul ! »

sa tâche. Pour Jung, la vie après la mort n'est pas affaire de foi, mais relève de la réalité psychique. L'esprit trouve que c'est conforme à la raison. Il reste en bonne santé en s'organisant en conséquence[23].

Au milieu de la vie, il faut que l'être humain se familiarise avec sa mort. Il faut qu'il accepte en toute conscience le déclin de sa courbe de vie biologique pour permettre à sa trajectoire psychique de continuer à monter en direction de l'individuation. Selon Jung : « A partir du milieu de la vie, ne reste vivant que celui qui veut bien mourir avec la vie[24]. » La peur de mourir est liée pour lui à la peur de vivre :

> De même qu'il y a un grand nombre de jeunes ayant au fond une peur panique de la vie, désirée pourtant avec ardeur, il y a peut-être un nombre plus grand encore de personnes vieillissantes ayant la même peur devant la mort. Oui, j'ai fait l'expérience que ce sont justement ces jeunes craignant la vie qui souffrent plus tard tout autant de la peur de la mort. Lorsqu'ils sont jeunes, on dit qu'ils développent des résistances infantiles contre les exigences normales de la vie ; lorsqu'ils sont vieux, on devrait au fond dire la même chose : c'est encore

---
23. Cf. JUNG, *G.W.*, vol. 8, p. 457 et suiv., 469 et suiv.
24. *Ibid.*, p. 466.

d'une exigence normale de la vie qu'ils ont peur. Mais la conviction que la mort est simplement la fin d'un parcours est si fortement ancrée que l'on ne conçoit même pas en général de l'envisager comme but et accomplissement, alors qu'on le fait sans difficulté pour les buts et les intentions de la vie juvénile qui se déploie[25].

La vie a un but. Tant que l'être humain est jeune, le but consiste à s'installer dans l'existence et à y réaliser quelque chose. Au milieu de la vie, ce but change. Il n'est plus sur la cime, mais dans la vallée, là où l'ascension avait commencé. Et il s'agit de se mettre en mouvement vers ce but. Celui qui ne le fait pas, celui qui se cramponne au passé voit sa courbe de vie psychique se déconnecter de la courbe biologique. « Sa conscience psychique reste suspendue en l'air, alors que, sous lui, la parabole de sa chute plonge de plus en plus vite[26]. » La peur de la mort est, en fin de compte, refus de vivre. Car ne peut vivre, rester vivant, mûrir, seulement celui qui accepte la loi de la vie qui est mouvement vers la mort, son but.

Au lieu de diriger leur regard en avant vers ce but de la mort, de nombreuses personnes regar-

---

25. *Ibid.*, p. 465.
26. *Ibid.*, p. 464.

dent en arrière, vers le passé. Alors que nous plaignons tous le jeune homme de trente ans qui garde le regard fixé sur ses premières années et reste infantile, notre société admire les personnes âgées qui conservent une allure juvénile et se comportent en conséquence. Jung voit « dans les deux cas un comportement psychologique contre nature, pervers, inadapté. Un jeune qui ne lutte pas, qui ne vainc pas, a manqué le meilleur de sa jeunesse, et un vieux qui ne sait pas tendre l'oreille au mystère des ruisseaux qui murmurent en dévalant des cimes vers les vallées est un insensé, momie spirituelle d'un passé pétrifié. Il reste à l'écart de sa vie, tournant en rond comme une mécanique, jusqu'à la sclérose complète. Que penser d'une civilisation qui a besoin de tels ectoplasmes ! »[27].

La fixation sur le temps de jeunesse est un signe typique de la peur devant la perspective du vieillissement. Jung interroge :

> Qui ne connaît un de ces vieux messieurs touchants, toujours en train de réchauffer leurs souvenirs d'étudiants, ne s'enflammant qu'à l'évocation de l'époque de leurs exploits homériques, mais par

---

[27]. JUNG, *G.W.*, vol. 8, p. 466.

ailleurs désespérément encroûtés dans leur pédanterie[28] ?

Au lieu de se préparer à vieillir, on se veut éternellement jeune, ce qui est, d'après Jung, un « substitut bien minable à l'illumination par le Soi »[29], exigée de l'être humain dans la deuxième moitié de la vie.

Arrivant à mi-parcours, les hommes ne sont pas préparés, de nos jours, à ce qui les attend au cours de la deuxième moitié de la vie. D'après Jung, la raison en est que nous avons certes des écoles pour les jeunes, mais non pour les quadragénaires, en vue de les préparer aux examens de cette deuxième moitié. De tout temps, les religions étaient de telles écoles. Elles préparaient les hommes à comprendre le secret de la deuxième moitié. Et aujourd'hui encore, Jung ne peut proposer à l'homme de cet âge d'autre école que celle des religions ; celles-ci l'introduisent à l'acceptation de la mort parce qu'elles le mènent hors du champ des affrontements pour l'existence, dans un domaine où l'homme devient enfin véritablement homme.

---

28. *Ibid.*, p. 452.
29. *Ibid.*, p. 455.

D'après Jung, l'homme ne peut déployer son Soi qu'après avoir fait l'expérience du divin en lui. L'idée de Dieu-en-nous, la parole de saint Paul : *ce n'est pas moi qui vis, c'est le Christ qui vit en moi*, expriment pour Jung l'expérience d'un homme qui a trouvé le chemin vers lui-même. Et pour l'homme du milieu de la vie, il s'agit de sortir de l'étroitesse de son Moi pour s'en remettre à Dieu. Celui qui refuse cet abandon ne trouvera jamais l'accès à sa totalité, ni en conséquence à sa santé spirituelle. Pour beaucoup d'hommes de cette tranche d'âge, le vrai problème est de nature religieuse. Jung dit : « De tous mes patients au-delà du milieu de la vie, c'est-à-dire au-delà de trente-cinq ans, il n'y en a pas un seul dont le problème fondamental ne soit pas celui de l'attitude religieuse. Oui, chacun souffre finalement du fait d'avoir perdu ce que des religions vivantes ont de tout temps donné à leurs fidèles, et aucun n'est vraiment guéri tant qu'il ne retrouve pas son attitude religieuse, ce qui n'a évidemment aucun rapport avec une confession particulière ou avec l'appartenance à une Église[30]. »

Pour la rencontre avec l'image de Dieu, nécessaire à la santé psychique, Jung propose à

---

30. JUNG, *G.W.*, vol. 11, p. 362.

l'homme les mêmes moyens et les mêmes méthodes que les auteurs spirituels. Jung parle du sacrifice dans lequel l'homme se remet à Dieu, dans lequel il sacrifie une partie de son Moi afin de se gagner lui-même. L'introversion que Jung estime nécessaire à la mi-vie s'accomplit dans la méditation et l'ascèse. La retraite dans la solitude et le jeûne volontaire sont pour l'homme « les moyens connus depuis longtemps pour soutenir la méditation qui doit ouvrir l'accès à l'inconscient »[31]. Cette pénétration dans l'inconscient, cette plongée en soi, signifie pour l'homme renouvellement et renaissance spirituelle. Le trésor dont parle le Christ se trouve caché dans l'inconscient, et seuls les symboles et les moyens de la religion rendent l'homme capable de le déterrer. De même que le Christ descend aux enfers après sa mort, de même faut-il que l'homme traverse la nuit de l'inconscient, subisse la descente aux enfers de la rencontre avec soi, afin de renaître fortifié grâce à la force de l'inconscient. Les résultats de l'expérience acquise par ceux qui ont franchi les crises du milieu de la vie et qui se sont laissés transformer par Dieu au moyen de ces crises sont résumés par Jung en ces termes :

---

31. JUNG, *G.W.*, vol. 5, p. 428.

> Ils se sont trouvés eux-mêmes, ils se sont acceptés tels qu'ils étaient, ils ont été capables de se réconcilier avec eux-mêmes, et ils ont aussi été réconciliés, de ce fait, avec des circonstances et des événements hostiles. C'est presque la même chose que ce qui, autrefois, était exprimé ainsi : « Il s'est mis en paix avec Dieu, il a offert en sacrifice sa propre volonté en se soumettant à la volonté de Dieu[32]. »

Renaître spirituellement, se laisser transformer par Dieu, voilà la tâche de la deuxième moitié de la vie, tâche pleine de dangers, mais aussi riche en promesses. Elle n'exige pas tant des connaissances psychologiques que ce que nous désignons sous le terme de piété : la disponibilité à nous tourner vers l'intérieur de nous-mêmes pour écouter le Dieu qui est en nous. Ainsi que l'enseigne Jung, l'homme du milieu de la vie doit se consacrer, de toutes ses forces spirituelles, à la tâche de son propre devenir : tâche dont, à vrai dire, nous ne venons pas à bout par nos propres forces, mais que nous réussissons seulement *concedente deo* (en nous confiant à Dieu).

---

[32]. JUNG, *Psychologie und Religion*, Zurich, 1947, p. 147.

TABLE DES MATIÈRES

Introduction 5

I. La résolution de la crise du milieu de la vie chez Jean Tauler 11

1. La crise 14
2. La fuite 17
3. Le blocage 21
4. La connaissance de soi 28
5. Le détachement 35
6. La naissance divine 42

II. Problèmes du milieu de la vie selon Carl Gustav Jung 47

1. Le processus d'individuation 49
2. Problèmes du milieu de la vie 53

La relativisation de la persona 55
*L'acceptation de l'ombre,
 ou le problème des opposés* 56
L'intégration de l'anima et de l'animus 59
*L'épanouissement du Soi dans l'acceptation
 de la mort et dans la rencontre avec Dieu* 68

Achevé d'imprimer
sur les presses de l'imprimerie IBP
à Fleury Essonne - 01 69 43 16 16
Dépôt légal : Janvier 1999
N° d'impression : 6970